AF562963

LETTRE
DE
M. CONTANT DORVILLE
A M. DE VOLTAIRE,

En lui adressant l'Ouvrage intitulé : Le Voltaire portatif, *ou Tableau Encyclopédique des connoissances humaines, tiré des Œuvres de ce célèbre Auteur ; & dédié à Madame la Comtesse de Butturlin*, in 8° 2 vol & in-12 2 vol. 1766.

LETTRE
DE
M DE VOLTAIRE
A M. CONTANT DORVILLE,

Au sujet du Livre intitulé : *Le Voltaire portatif*, &c.

Du Château de Ferney le 11 Février 1766.

LETTRE DE M. CONTANT DORVILLE A M. DE VOLTAIRE.

MONSIEUR,

C'EST à la lecture de vos Ouvrages que j'ai dû le développement de ma raiſon, & l'habitude de réfléchir avec quelque fruit ; c'eſt dans cette immenſe & riche collection que j'ai appris à me connoître, à m'apprécier & à faire uſage envers les autres de cette humanité qui nous eſt naturelle, lors même que ce qui nous environne, nous offre des exemples contraires. Pour aider ma mémoire, chaque jour j'avois ſoin d'extraire de vos chefs-d'œuvres, les penſées qui venoient d'éclairer mon eſprit ou de nourrir mon cœur. Ce précieux larcin compoſoit trois Volumes, quand je fus appellé en Ruſſie. Votre gloire, Monſieur, y eſt établie ſans contradiction : on vous admire à ſaint Péterſbourg, comme au centre de Paris.

DES Dames jeunes, belles, du ſang le plus illuſtre, & que tous ces avantages réunis ſemblent diſpenſer de s'inſtruire : ces Dames, dis-je, quittent leur toilette, les bals, les converſations futiles, pour réfléchir avec vous. J'en citerai une, duſſai-je offenſer ſa modeſtie.

MADAME la Comteſſe de BUTURLIN, alliée à feue Sa Majeſté l'Impératrice Eliſabeth, & niéce de M. le grand Chancelier Comte de Woronzoff, eſt de ce nombre. Elle dévoroit vos Ouvrages dans le ſilence du cabinet, & me fit part du fruit qu'elle retiroit de ſes lectures. J'eus l'indiſcrétion de lui parler de mon travail : il fallut le montrer ; je reçus ordre de le faire imprimer, & de le lui dédier. J'avois éludé ſa demande. Mais de retour en France, j'ai revu Madame la Comteſſe de Butturlin qui avoit ſuivi ſon époux dans l'Ambaſſade d'Eſpagne. Elle a redoublé ſes inſtances : les Dames veulent être obéies, je me ſuis fait un mérite de ma ſoumiſſion.

L'OUVRAGE eſt imprimé, je vous l'envoie, Monſieur, & je vous prie de le recevoir avec votre bonté ordinaire. Si c'eſt un vol, la reſtitution que j'en fais au Public doit ſolliciter mon pardon : ce même Public connoît mieux que moi le prix de vos Penſées ; mais je l'égalerai toujours par les ſentimens de reſpect & d'admiration avec leſquels j'ai l'honneur d'être,

MONSIEUR,

Votre très-humble & très obéiſſant ſerviteur,
CONTANT DORVILLE.

LETTRE
DE
M. DE VOLTAIRE
A M. CONTANT DORVILLE.

JE reçus hier, Monſieur, le premier Volume du Recueil que vous avez bien voulu faire. Il était accompagné d'une Lettre en date du 24 Décembre dernier. Je me hâte de vous remercier de votre Lettre, du Recueil, de l'Epître dédicatoire à Madame la Comteſſe de Butturlin, & de l'Avis de l'Editeur ; ce ſont autant de bienfaits dont je dois ſentir tout le prix. Vous m'avez fait voir que j'étais plus ami de la vertu, & même plus Théologien que je ne croyais l'être. Il y a bien des choſes que la convenance du ſujet & la force de la vérité font dire ſans qu'on s'en apperçoive. Elles ſe placent d'elles-mêmes ſous la main de l'Auteur. Vous avez daigné les raſſembler, & je ſuis tout étonné moi-même de les avoir dites.

Il faut avouer auſſi que ceux qui m'ont perſécuté, ne doivent pas être moins étonnés que moi. Votre Recueil eſt un arſenal d'armes défenſives que vous oppoſez aux traits des Frérons & des lâches ennemis de la raiſon & des belles-lettres.

Ma vieilleſſe & mes maladies m'avaient fait oublier preſque tous mes Ouvrages; vous m'avez fait renouveller connaiſſance avec moi-même. Je me ſuis retrouvé d'abord dans tout ce que j'ai dit de Dieu. Ces idées étaient parties de mon cœur ſi naturellement, que j'étais bien loin de ſoupçonner d'y avoir aucun mérite. Croiriez-vous, Monſieur, qu'il y a eu des gens qui m'ont appellé Athée? C'eſt appeller Queſnel Moliniſte. Chaque ſiécle a ſes vices dominans; je crois que la calomnie eſt celui du nôtre : cela eſt ſi vrai que jamais on n'a dit tant de mal de Bayle que depuis une trentaine d'années. L'inſolence avec laquelle on a calomnié le Dictionnaire Encyclopédique eſt ſans exemple. Le malheureux qui fournit des mémoires contre cet important Ouvrage, pouſſa l'abſurdité de la calomnie juſqu'au point de dire que ſi on ne découvrait pas le venin dans les articles déja imprimés, on le trouverait infailliblement dans les articles qui n'étaient pas encore faits. Cela me fait ſouvenir d'un Abbé Desfontaines, Ecrivain de feuilles périodiques, qui en rendant compte du *minute philoſopher* du célébre Barclai Evêque de Cloane, crut ſur le titre que c'était un Livre de plaiſanteries contre la Religion, & traita le vieil Evêque de Cloane comme un jeune libertin, ſans avoir lu ſon Ouvrage.

Ce Desfontaines a eu des ſucceſſeurs encore plus ignorans & plus méchans que lui, qui n'ont ceſſé de calomnier les véritables gens de lettres. Jamais la Philoſophie n'a été plus répandue, & jamais cependant elle n'a eſſuyé de plus cruelles injuſtices. Ce ſont ces injuſtices mêmes qui augmentent l'obligation que je vous ai.

Je ne sais, Monsieur, si Madame de Butturlin à qui vous me dédiez, est sœur de M. le Comte de Woronzoff que j'ai eu l'honneur de voir chez moi, & qui est actuellement Ambassadeur à la Haye. Je vous supplie de vouloir bien lui présenter mes respects.

J'ai l'honneur d'être avec la plus sincére reconnaissance

Votre très-humble & très-obéissant serviteur,
VOLTAIRE, Gentilhomme ordinaire de la Chambre du Roi.

Au Château de Ferney par Genève
11. Février 1766.

www.ingramcontent.com/pod-product-compliance
Lightning Source LLC
LaVergne TN
LVHW010338230826
846091LV00009B/3932

* 9 7 8 2 0 1 1 9 0 4 7 7 5 *